तुड़े–मुड़े पन्ने

(काव्य संग्रह)

कुँवर (डॉ0) महाराणा प्रताप सिंह 'विद्रोही'

डी0लिट्0

प्राचार्य

डॉ0राम मनोहर लोहिया राजकीय
महाविद्यालय,ऑवला, बरेली,उ0प्र0

कात्यायनी प्रकाशन,

प्रभुकृपा,रामेश्वरधाम कालोनी,बरेली

पिन–243001 मो0–9457166471

Made with ❤ on the Notion Press Platform

www.notionpress.com

समर्पण

अपने काव्य प्रेरक –गुरुप्रवर

स्मृतिशेष

प्रोफ़ेसर (डॉ0)उर्मिलेश शंखधार जी की

स्मृतियों के नाम

सादर

कुँवर (डॉ0) महाराणा प्रताप सिंह ‘ विद्रोही ’

डी0लिट्0

आभारी हैं हम

स्मृतिशेष कविवर त्रिलोचन

स्मृतिशेष कविवर नागार्जुन

स्मृतिशेष कविवर गंगाभक्त सिंह 'भक्त'

स्मृतिशेष डॉ0विजय पाल सिंह

स्मृतिशेष डॉ0नामवर सिंह

स्मृतिशेष डॉ0मैनेजर पाण्डेय

स्मृतिशेष डॉ0आर0डी0सिंघल

प्रोफेसर जय प्रकाश शर्मा

स्मृतिशेष प्रो0डी0पी0मैनी

कथाकार प्रो0बटरोही

आलोचक मधुरेश

प्रोफेसर मधुकर भट्ट

प्रो0नीरजा टण्डन

प्रो0प्रेम सिंह जीना

अनुक्रम

1— आधी—अधूरी बात (भूमिका)

2— वेदना के स्वर

3—भारत महिमा

4—लद्दाखी माटी चन्दन है !

आधी–अधूरी बात 000000

मुझे नहीं पता कि यह मेरे मन की चंचलता की उपज है या किसी सद्प्रेरणा का प्रतिफलन या 'चरैवेति' –'चरैवेति' के घर्घर नाद से उपजा चैतन्य,जो टूटी–फूटी'कहिन' के रूप में जब– तब प्रस्फुटित होता रहता है ।मुझे याद है कि बचपन में किसी पीड़ित या दुःखी व्यक्ति का संदर्भ आने पर अनायास ही मेरे नेत्रों के कोरक गीले हो जाते थे,वैभव और विलास के प्रति भी मेरे मन में कभी कोई रुचि और आकांक्षा नहीं रही और न ही कभी जगी । जब मैं बहुत छोटा था,तब इलाके में ऐसे अनेक लोग मौजूद थे,जिन्होंने मेरे परदादा एवं दादा के जमीर ,रसूख और सद्व्यवहार को देखा था। इस दुनिया को अलविदा कहने के बाद भी उनकी नेकियों और सदाओं से जुड़े बहुत सारे किस्से इलाकाई फिजाओं में सुगंध बनकर तैरते रहे। जो अब भी गाहे – वगाहे लोगों की जुवान

पर आ ही जाते हैं ।वे अपने समय में अपनी रियाया के बीच अन्नदाता के साथ ही ऐसे ज्ञानी और गुणी व्यक्ति के रूप बहुश्रुत रहे, जिन्होंने दूसरों के व्यवहार एवं चरित्र को भी सकारात्मक व रचनात्मक दिशा दी । उनके व्यक्तित्व के यह दोनों ही रंग गाढ़ेपन में एक –दूसरे से होड़ लेते प्रतीत होते हैं । कहा तो यहॉ तक जाता है कि राम प्रसाद विस्मिल और ठाकुर रोशन सिंह को राष्ट्र की बलिवेदी पर मर मिटने की प्रेरक चिंगारी उन्हीं ने जगाई थी ।इसके साथ ही न जाने कितने आज़ादी के दीवानों को उनसे प्रेरणा , सहयोग और आश्रय मिला । वे पिंगल यानी काव्यशास्त्र की अच्छी जानकारी रखने वाले बहुभाषाविद थे ।इसीलिए दूर – दराज से लोग उनसे कविता के गुर सीखने के लिए आते रहते थे। इसके साथ ही वे तंत्र,अध्यात्म और आयुर्वेद की गहरी सूझ रखते थे । वे हर जाति – वर्ग के हितैषी थे , एक माइने में वे कौमीपन की मिसाल थे। वहीं मेरे

पिताजी ने भले ही कविता नहीं लिखी,लेकिन शासकीय सेवा में रहते हुए जिस ईमानदारी से गरीब–गुरवा की सेवा की और सेवानिवृत्ति के बाद जब कभी लोकहित या जनहित प्रभवित हुआ , तो कई बार अपने बुढापे और बीमारी की परवाह न करके वे अनशन , धरना और भूख हड़ताल से भी पीछे नहीं रहे । स्थनीय स्तर पर उन्हें कई बार चुनाव लड़ने के लिए मनाया गया । यह बात संभवतः 1995 की है ।जब जनता ने उन्हें अपने स्थानीय निकाय का र्निविरोध अध्यक्ष बनाने की पेशकश की , तो भी उन्होंने बड़ी विनम्रता के साथ इस अनुरोध को अस्वीकार कर दिया । लेकिन जीवन के अन्तिम क्षण तक वे लोकमंगल के कार्य में लगे रहे । अच्छे लोगों से जुड़ी एक आम बात यह है कि शालीनता और विनम्रता के चलते वे अपने बारे में कुछ नहीं लिखते और दूसरे लोग भी उनके बारे में कुछ भी नहीं लिखते और इससे भी बड़ी

विड़म्बना यह है कि उनके अपने भी उनके बारे में खामोशी ओढ़ लेते हैं। शायद यही विड़म्बना 0000 इस सबके बावजूद भी वे हम लोगों को एक उज्ज्वल क्षितिज एवं संभावना का विरसा सौंप गए ,जो हमारे लिए किसी अमूल्य निधि से कम नहीं है ।

बचपन से ही मेरे मन में पढ़ने – लिखने को लेकर अपरिमित लगाव रहा है ।याद आते हैं बचपन के वे दिन , जब मेरे अधिकांश संगी – साथी गर्मियों में होने वाली अपनी लंबी छुट्टी का उपयोग खेलकूद और धमाचौकड़ी में करते ,तो मेरा ज्यादातर समय किताबों के पन्ने पलटते हुए व्यतीत होता ।उन दिनों किताबों को लेकर मेरी दिलचस्पी का आलम यह था कि झुलसाने वाली गर्मी में जब मैं पसीने से तर–बतर हो जाता ,तो भी मेरे द्वारा पढ़ी जाने वाली किताबों का कथ्य मुझे अन्दर से तरावट देता । सातवीं कक्षा में पढ़ते हुए मैंने पहली

बार अपनी गणित की कापी के पीछे कुछ शब्द उकेरे थे , जिनका मूल कहीं न कहीं भावना में था और वे विशुद्ध भवना में ही साँस ले रहे थे । हालाँकि तब तक मैं मुकम्मलतौर पर यह नहीं जानता था कि कविता क्या है या यही कविता है ।उसी वर्ष मंदाकिनी साहित्य मंच ,उसावाँ , बदायूँ के बैनर तले आयोजित एक अखिल भारतीय कवि सम्मेलन में नामी–गिरामी कवियों की मौजूदगी में काव्य पाठ करने का अवसर मिला ।यह किसी यात्रा की लड़खडाहट भरी उत्साहजनक शुरुआत थी,वैसे देखा जाए, तो इस पथ पर ढंग से चलने का शऊर मझे कभी आया ही नहीं । और इसीलिए अब भी लड़खड़ाहट भरे कदमों से किसी तरह चला जा रहा हूँ । सन्1991–92 में जब बदायूँ के दास कॉलेज में बी0ए0 में दाखिल हुआ, तो प्रख्यात मार्क्सवादी आलोचक मधुरेश जी और हिन्दी के चर्चित कवि उर्मिलेश जी इसी

कॉलेज के हिन्दी विभाग में कार्यरत थे। फलतः उनके सानिध्य में मैं सृजन के कुछ अपरिचित रंगों और संस्कारों से भी परिचित हुआ। बाद में 1997 में भारत सरकार की सेवा में दूरस्थ लेह , लद्दाख में अपनी प्रथम तैनाती के दौरान एक अलग तरह के जीवन–संस्कार और परिवेश से मेरा परिचय हुआ।इस सबसे मुझे एक नई रचनात्मक ऊर्जा और खुराक मिली।उन दिनों कारगिल समस्या की सुगबुगाहट शुरू हो गई थी। आकाशवाणी लेह की तत्कालीन केन्द्र निदेशक श्रीमती टी0 अंग्मो की प्रेरणा एवं सहयोग से मैंने भारतीय सैनिकों के लिए उनकी पसंद के अनेक कार्यक्रम डिजाइन एवं प्रस्तुत किए , जो उस समय बहुत लोकप्रिय हुए और आम जनमानस के द्वारा सराहे गए । बाद में,प्रथम सिंधु दर्शन जैसे भव्य आयोजन का साक्षी बनने का मुझे अवसर मिला ,प्रज्ञा पुरुषों के साथ इस आयोजन में माननीय आड़वाणी

जी लेह पधारे, तो मेरे द्वारा इस अवसर पर जो कविता पढ़ी गई , उसकी कुछ पंक्तियॉ यहॉ उद्‌धृत करने का लोभ संवरण नहीं कर पा रहा हूँ –

" सिंधु नदी , नदी नहीं , इसमें

समाई श्रद्धा – मनु की कहानी है ।

+ + +

पावन – पुनीता सिंधु दर्शन , निमित्त–

आज आए माननीय आड़वाणी हैं ।

मैंने अपने इस कविता संग्रह का नाम 'तुड़े –मुड़े पन्ने' रखा है, यानी बहुत पुराने ऐसे जर्जर पेज, जो छूने से भी टूटने लगते हैं और यहॉ तक कि उन पर उकेरी गई इबारत भी कभी –कभी धुंधली और अपठनीय – जैसी हो जाती है । वस्तुतः यह मेरे द्वारा लिखी गईं मेरी प्रारम्भिक रचनाऍं हैं,इसीलिए दुनियादारी और अनुभव के कच्चेपन के बावजूद भी इनमें प्रयुक्त भावना के रंग नैसर्गिक,चटक और गाढ़े हैं ।

'वेदना के स्वर ' नामक लंबी कविता मेरे द्वारा तब लिखी गई थी,जब मैं बी0ए0 द्वितीय वर्ष का विद्यार्थी था और प्रसाद की कालजयी रचना हमारे पाठ्यक्रम में थी । इस पढ़ने के कम में मैंने कुछ पंक्तियॉ गढ़ी थीं , जिनमें से कुछ निम्न प्रकार हैं –

"किसने पाये थे ऑसू !

किसने ढ़ारे थे ऑसू !

कितने प्यारे थे ऑसू !

कितने न्यारे थे ऑसू !!

कितनों के बने सहारे !

कविवर प्रसाद के ऑसू !

यह धन्यवाद के ऑसू !

यह साधुवाद के ऑसू !!

श्यामा ग्वालिन को अर्पित ,

कविवर प्रसाद के ऑसू !

जो भी पढ़ता है ऑसू !

झट गिर पड़ते हैं ऑसू !!

इसी दौरान मेरे एक सहपाठी मित्र जो अपनी कोमल प्रकृति के विपरीत आजकल वकालत के पेशे में हैं ,उस समय' ऑसू' जैसी मनःस्थिति से ही गुजर रहे थे, उन्हीं की भावभूमि को लक्षित करते हुए मैंने इस लंबी कविता को रचा था । अब से तीस पहले रची गई यह कविता उस समय मेरे सहपाठियों द्वारा बड़े चाव से सुनी जाती थी ।

इस संग्रह की दूसरी रचना ' भारत महिमा' भी तभी लिखी गई ,जब मैं बी0ए0 का ही विद्यार्थी था ।तब संस्कृत में रची गई पंडित रमाकांत शुक्ल की काव्यकृति ''भाति मे भारतम् ' पढ़कर मैं ऐसा अभिभूत हुआ कि यह रचना मेरे भावुक मानस से कब झर गई , मुझे पता भी न चला ।

इस संग्रह की तीसरी गीतात्मक रचना ' लद्दाखी माटी चंदन है ।'उस समय की रचना है,जब मुझे केन्द्रीय सेवा में पहली तैनाती लेह ,लद्दाख में मिली ।

हुआ यह है कि दलाई लामा साहब की कंसर्ट के लिए आकाशवाणी, लेह की तत्कालीन स्टेशन डायरेक्टर ने मुझे कुछ लिखने के लिए कहा था, उसी कम में इस कविता का प्रारम्भिक हिस्सा लिखा गया था , जो बाद में वर्तमान कविता का

रूप ले गया । इस कविता का कुछ हिस्सा एफ0आर0एल0 ,रक्षा मंत्रालय की पत्रिका सिंधु दर्शन के एक अंक में छपा था । शायद यह जून 1998 की बात है । साथ ही उन्हीं दिनों आकाशवाणी लेह ने भी इसका कई बार प्रसारण किया था ।

इस पुस्तक के प्रकाशन पर्व पर मेरा प्रथम प्रणाम अपने माता –पिता श्रीमती कान्ती देवी एवं श्री राम सिंह चौहान के चरणों में अर्पित है ,उनका पुत्र होने पर मुझे गर्व है । कर्मयोगी ताऊ जी ठाकुर रघुवीर सिंह जी के प्रति कृतज्ञता ज्ञापन के कम में यही कहना है कि आपने हमें सब कुछ दिया , लेकिन हम आपको कुछ भी इन दे सके , यह अपराध मन को हमेशा सालता रहेगा ।पितृव्य डॉ0 सुखदेव सिंह शास्त्री एवं माताजी शेष कुमारी का नेहिल वरदायी_ ऋण कभी चुका ही नहीं सकूँगा ।मेरे भाई श्री अरविंद सिंह एवं मेरी भाभी जी मेरे लिए पिता – माता के ही प्रतिरूप हैं, अस्तु उनके प्रति मेरा प्रणम्य भाव अभ्यर्पित है । मेरी पत्नी डॉ0 ज्योति सिंह जो मेरी सफलता में ही अपनी सफलता देखने की अभ्यासी हैं,अस्तु उनके प्रति मेरा शाब्दिक आभार ज्ञापन एक प्रकार से धृष्टता ही होगी ।ऋद्धि और प्रांजल के लिए मेरा आशीर्वाद

है कि वे प्रगतिपथ पर सदैव अग्रसर होते रहें। मेरे सहयोगी साथियों में सभी की प्रेरणा एवं सहयोग किसी न किसी रूप में मझे प्राप्त हुआ है।विशेष रूप से प्रोफेसर अर्चना पाण्डेय ,डॉ0 एकता सिंह एवं डॉ0 श्रद्धा गुप्ता,प्राचार्या,राजकीय कॉलेज ,बदायूँ से मिली प्रेरणा, सहयोग एवं संरक्षण का कोई प्रतिदान हो ही नहीं हो सकता । पर इतना कहकर इस अधूरी बात को यहीं विराम देता हूँ।कभी अवसर मिला,तो अन्यत्र खींच – तान कर इसके आगे कुछ कहने का यत्न करूँगा।

सादर

विदुषामनुचरः

कुँवर (डॉ0) महाराणा प्रताप सिंह ' विद्रोही '

डी0लिट्0

वेदना के स्वर

है व्यथा बढ़ गई इतनी ,
अनकहे रहा न जाता !
सुन लोग हंसेंगे मुझ पर ,
बस यही सोच रुक जाता !1
धारूँ इतना गुरु बोझा,
कैसे इस दिल के ऊपर !
यूँ लिखना है मजबूरी ,
अन्यथा जिन्दगी दूभर !!2
जब–जब अतीत पट खोला ,
मेरा अंतर भी डोला !
वह हो न सका पर अपना ,
रह गया अधूरा सपना !!3
ऐसा किस्मत का मारा ,

एकाकी ज्यों ध्रुवतारा !
मन्दिर ने बहु फटकारा ,
मस्जिद ने कहा आबारा !!4

है याद आज भी वह दिन ,
जब तुमने प्रथम निहारा !
कुछ लगा उसी क्षण मानो ,
नौका को मिला किनारा !!5

छवि मणि आभा से दीपित ,
पिक सदृश मनोहर वाणी !
प्रभु की तुम निरुपम रचना ,
लावण्यमयी – कल्याणी !!6

तुम केश –राशि बिखरातीं ,
यायावर लज्जित लगता !
लख मृदु मुस्कान निराली ,
को, तुम पर न न्यौछरता !!7

मदहोश कर दिया क्षण में ,
थी दृष्टि सुरा का प्याला !
तब भी तो बात अधूरी ,
कह दूँ तुमको मधुशाला !!8

तुम गीत–गज़ल तुम नवरस ,
तुम गालिब की रूबाई !
तुम मेघदूत –शाकुन्तल,
तुम तुलसी की चौपाई !!9

पथ में जब आते–जाते ,
अनजाने ही मिल जाते !
पर सदा मौन रहते थे ,
यह सोच आज पछताते !!10

सोचा था जीवन पथ का,
तू ही सहचर बन जाए !
सुख–दुःख की मादक मदिरा ,

फिर अपने हाथ पिलाए !!11

दिल बोला तुमको साकी ,

तुमको ही मादक हाला !

तुम नहीं बने जब साथी ,

यूँ लुढ़का पड़ा पियाला !!12

तेरी अलकों में रजनी,

पलकों में कैद सबेरा !

प्रिय, मेरे जीवन दीपक ,

तुम बिनु सर्वत्र अंधेरा !!13

तेरी यादों में प्रेयसि ,

हैं कितने अश्रु बहाए !

पर हाय नियति का पत्थर ,

दिल हम क्या पिघला पाए !!14

किस तरह व्यथा को वरनूँ ,

उर भाव –सिंधु है रीता !

तूलिका कल्पना रंग बिनु ,
चित्रण का नहीं सुभीता !!15
यह जीवन ही जब मरुथल ,
क्यों करूँ अम्बु की आशा !
प्रभु ने ही भेंटीं मुझको ,
दुःख–पीड़ा–घोर– निराशा !!16
उस रूप सिंधु का दर्शन,
जिसको क्षण भर मिल जाए !
कवि बनना क्या ही मुश्किल ,
कवियों का गुरू बन जाए !!17
मेरी मंजिल का पथ,
यदि उनके द्वार से जाए !
नयनों के गीले कोरक ,
पुतली विश्राम न पाए !!18
अन्तर्मन जलधि सरीखा,

लख चन्द्र ज्वार उपजाए !
मन की वीणा से झरते,
सुन शब्द प्रकृति हर्षाए !!19
तेरा वह रूप अवर्णित,
लेखनी नहीं लिख पाए !
उस परमपिता – सा दर्शन,
सचमुच तुममें मिल जाए !!20
कितना ही मौन रहें या ,
हम बार –बार मुस्काएँ!
पर दर्द कहाँ छिपता है ,
कर लाखों जतन छिपाएँ !!21
जग में सबके सब प्यासे,
पर सबकी प्यास अलग है !
हिमगिरि की प्यास अलग है ,
मरुथल की प्यास अलग है !!22

फिर प्यास जहाँ बुझ जाती ,
लेता विश्राम वहीं है !
उसका तो मथुरा – काशी,
हर कोई धाम वहीं है !!23
सब भटक रहे हैं दर – दर ,
शायद मुकाम मिल जाए !
आशा में रजनी बीती ,
शायद विहान मिल जाए !!24
स्नेह – सुधा का प्याला ,
जिसने न पिया क्या जाने !
हर कोई नहीं जानता ,
कितने गहरे हैं माने !!25
इस नेह सुधा की बूँदें,
जिसको दो ही मिल जाएँ!
वो खुद में किस्मत वाला,

कहने में क्या सकुचाएँ !!26
कितने ही जतन कर लिए,
मैं भूलूँ , तुम्हें भुलाऊँ !
जीवन के मन – मन्दिर में ,
अब मूरत और बिठाऊँ !!27
यह मन है ऐसा पागल ,
तुमको लेकर दीवाना !
हर समय याद दिलवाता ,
तेरा – मेरा याराना !!28
कितने ही जतन कर लिए ,
तेरी यादों को भूलूँ!
कुछ दर्द –व्यथा कम करने ,
मैं हसूँ अल्प मुस्का लूँ!!29
वह सहचर नहीं बन सका,
कोई अफसोस नहीं है !

वह लिखा विधाता जो कुछ ,

कोई आक्रोश नहीं है !!30

हम मानें या न मानें ,

जीवन का सत्य यही है!

युग–युग से होता आया,

संसृति का नृत्य यही है !!31

मन – मन्दिर जिसे बिठाया ,

वो देव कहाँ मिल पाया !

उसके हिस्से न जाने ,

यह कैसा मौसम आया !!32

जो भी सपनों का राजा,

या है सपनों की रानी !

कब आपस में मिल पाते,

कुदरत की है मनमानी !!33

कुदरत की तानाशाही ,

या कहिए कारस्तानी!
यूँ तो ऑखों में ऑसू,
पर करते नहीं बयानी!!34

कुछ संन्यासी बन जाते,
कुछ बन जाते वैरागी!
कुछ बन जातीं मीराएँ,
कुछ बन जाते हैं त्यागी !!35

कुछ देवदास बन जाते,
कुछ गज़लें –गीत सुनाते !
कुछ किस्सागोई करके,
बस अपनी पीर सिराते !!36

यह रूपराशि का पीना ,
या फिर मदिरा का पीना !
सब बुरा बताते पीना,
चाहे कैसा भी पीना !!37

पीना अत्यंत बुरा है ,
सब कहते सुनते पाए !
फिर मधुशाला के अन्दर ,
किसलिए बताओ आए !!38
घन आए गरज – गरज कर ,
मेरे आंगन न बरसे !
दर्शन भी सुलभ नहीं अब ,
बीते अरसों पर अरसे !!39
जन सुख की आशा करता ,
पर मिलती दुख गड़ासी !
फिर इसीलिए सब तजकर ,
गहता है पंथ उदासी !!40
हतभाग्य प्यार –अपनापन ,
हम कहाँ प्राप्त कर पाये!
बस झूठ– दिखावा– धोखा,

अपने हिस्से में आये !!41

कुछ ने हमको पुचकारा,

आश्वासन दिया पुकारा !

हम सबके बने सहारा ,

पर अपना कौन सहारा !!42

हम छले गए पग– पग पर,

पग – पग पर धोखे खाए !

जैसे धोखों के वाहक ,

बनने हम जग में आए !!43

था कभी यक्ष ने भेजा ,

बादल द्वारा संदेशा !

राधा ने दूत बनाकर ,

था मलय पवन को भेजा !!44

है आज कलयुगी दुनिया ,

हर स्वारथ को ही ढ़ोता!

किसको मैं दूत बनाकर,
मैं किस पर करूँ भरोसा !!45
स्नेह अग्नि जब पनपे,
बुझती तब नहीं बुझाए!
ज्यों फँसा पाँव दल–दल में,
क्रमशः फँसता ही जाए !!46
यूँ लोग कहें तो भी सच ,
राणा प्रताप सिंह पागल !
वासी ही एक गेह के ,
कवि–प्रेमी जन औ पागल !!47
जीने–मरने की कसमें ,
खाना भर प्यार नहीं है !
कहने–सुनने में अच्छा,
सच्चा व्यवहार नहीं है!!48
रंग – रूप सरीखा इसमें ,

कोई आधार नहीं है !
सचमुच मन का आराधन,
तन का व्यापार नहीं है !!49
वॉचें मॉ वीणापाणिनि ,
मैं तो बस लिखने वाला !
जब चढ़ती प्रेम खुमारी ,
मन स्वतः होत मतवाला !!50
रसहीन – राग से वंचित ,
इसको क्या पढ़ पायेंगे !
सब पाठक पढ़ते–पढ़ते ,
निश्चित उकता जायेंगे !!51
मैं यही सोचकर इसको ,
अब विराम यहीं देता है !
अपने दिल के बोझे का ,
कुछ भार तुम्हें देता हूँ !!

भारत महिमा

हमारा प्यारा भारत देश !
जगत में न्यारा भारत देश !!
यहॉ की वसुधा परम पुनीत !
विचरते ब्रह्मा,विष्णु ,महेश !
कहॉ है ऐसा कोई देश !
राम से होते जहॉ नरेश !
हमारा प्यारा भारत देश !!
चुनरिया ऊषा स्वर्णिम धार!
व्योम में करती नित्य विहार !
सूर्य भी लगता बहुत उदार !
दीखता कहीं न ईर्ष्या द्वेष !
कहॉ है ऐसा कोई देश !
राम से होते जहॉ नरेश !

हमारा प्यारा भारत देश !!

कहीं गूँजे भ्रमरों का गान !

छेड़ती कोकिल मादक तान!

हमीं हैं आर्यों की संतान !

राम से होते जहाँ नरेश !

कहाँ है ऐसा कोई देश !

हमारा प्यारा भारत देश !!

बहे गंगा की निर्मल धार !

रहा सागर खुद चरण पखार !

प्रकृति ने दिए बहुत उपहार !

कहाँ है ऐसा कोई देश !

राम से होते जहाँ नरेश !

हमारा प्यारा भारत देश !!

नभ में छाई काली बदरी !

नव बधू चली भरने गगरी !

घट शीश धरे , कर में गगरी !
निछावर इस छवि पर निशेष !
कहॉ है ऐसा कोई देश !
राम से होते जहॉ नरेश !
हमारा प्यारा भारत देश !!
घूँघट से नयनों को ढ़ॉपे !
गुबराने में उपले थापे !
मुग्ध इस छवि पर स्वयं सुरेश !
कहॉ है ऐसा कोई देश !
राम से होते जहॉ नरेश !
हमारा प्यारा भारत देश !!
हिन्दु, मुस्लिम , सिख , ईसाई !
आपस में सब भाई – भाई !
रहटों की धुन या शहनाई !
प्रेम का देते सब संदेश!

कहाँ है ऐसा कोई देश !
राम से होते जहाँ नरेश !
हमारा प्यारा भारत देश !!
सभी को भरता अपने अंक !
मार दे विषधार चाहे डंक !
सभी से रहे सदा निश्शंक !
स्वयं में जीता है दरवेश !
कहाँ है ऐसा कोई देश !
राम से होते जहाँ नरेश !
हमारा प्यारा भारत देश !!
हुए संस्कृति पर घातक वार!
सहे हैं कितने अत्याचार !
कभी हम हुए नहीं लाचार !
साक्ष्य हैं स्वयं अभी भी शेष !
कहाँ है ऐसा कोई देश !

राम से होते जहाँ नरेश !

हमारा प्यारा भारत देश !!

बन गए शासक सौदागर !

कुंडली मारे ज्यों अजगर !

कर सके हम भी नहीं सबर !

धरा फिर हमने योद्धा वेश !

कहाँ है ऐसा कोई देश !

राम से होते जहाँ नरेश !

हमारा प्यारा भारत देश !!

हुए आल्हा –ऊदल से वीर !

हुए अब्दुल हमीद रणधीर !

हुए भवभूति, फिराक, कबीर !

यही है मीरा का भी देश !

कहाँ है ऐसा कोई देश !

राम से होते जहाँ नरेश !

हमारा प्यारा भारत देश !!

मान लें पत्थर में भगवान !

मृदा ढ़ेले को गणपति जान !

कष्ट को समझें फूल समान !

जन्मते जहॉ देव – देवेश !

कहॉ है ऐसा कोई देश !

राम से होते जहॉ नरेश !

हमारा प्यारा भारत देश !!

निवासी वेहद सरल – सुजान !

अतिथि को समझें देव समान !

देव खुद दें जिसको सम्मान !

कहॉ है ऐसा कोई देश !

राम से होते जहॉ नरेश !

हमारा प्यारा भारत देश !!

द्वार पर सतिया –रंगोली !

बोलते सब मीठी बोली !
रंगीली आती जब होली !
मुदित हो नृत्य करें ग्रामेश !
कहाँ है ऐसा कोई देश !
राम से होते जहाँ नरेश !
हमारा प्यारा भारत देश !!
पड़ी सावन की प्रथम फुहार !
खुशी का उमड़ पड़ा है ज्वार !
सुनाई देती मधुर मल्हार !
जिसे सुन रीझे कभी ब्रजेश !
कहाँ है ऐसा कोई देश !
राम से होते जहाँ नरेश !
हमारा प्यारा भारत देश !!
हमीं ने दिया ज्ञान – विज्ञान !
दशमलव और शून्य का ज्ञान !

आर्यभट्ट–पाणिनि का यह देश !
कहाँ है ऐसा कोई देश !
राम से होते जहाँ नरेश !
हमारा प्यारा भारत देश !!
वार हैं सात औ नौ त्यौहार !
व्रतों की रहती है भरमार !
उड़े मेलों की गर्द –गुबार !
तमाशे होते यहाँ विशेष !
कहाँ है ऐसा कोई देश !
राम से होते जहाँ नरेश !
हमारा प्यारा भारत देश !!
यहाँ जौहर का रहा रिवाज !
तुड़ाया है चिड़ियों से बाज़ !
कहाँ देखा है यह अंदाज !
कहाँ संस्कृति का ऐसा वेश !

कहॉ है ऐसा कोई देश !
राम से होते जहॉ नरेश !
हमारा प्यारा भारत देश !!
कहॉ तक और करें उल्लेख !
अतिथि भूखा वर्षा में देख !
दिया शिशु को निज आगे फेंक !
पक्षियों तक का त्याग विशेष !
कहॉ है ऐसा कोई देश !
राम से होते जहॉ नरेश !
हमारा प्यारा भारत देश !!
यहॉ शोषण भी है अलगाव !
यहॉ है क्षेत्रवाद का घाव !
बढ़ी मॅहगाई ,वस्तु अभाव !
मगर सुख शान्ति अभी है शेष !
कहॉ है ऐसा कोई देश !

राम से होते जहाँ नरेश !

हमारा प्यारा भारत देश !!

सिंधु,रावी ,ब्रह्मपुत्र महान !

सृष्टि में गंगा की पहचान !

पंचनद से बनता पंजाब !

प्रकृति रहती धरकर शिशु वेष !

कहाँ है ऐसा कोई देश !

राम से होते जहाँ नरेश !

हमारा प्यारा भारत देश !!

बिहू पर थिरक उठी टोली !

रंग में रंगी हुई होली !

रखें मर्यादा का सब ध्यान !

यही है पश्चिम को संदेश !

कहाँ है ऐसा कोई देश !

राम से होते जहाँ नरेश !

हमारा प्यारा भारत देश !!

श्रद्धा –मनु की याद जवानी !

सृष्टि –प्रलय की कहे कहानी !

कोस – कोस पर पानी बदले !

चार कोस पर बदले बानी !

भिन्न है भाषा ,धर्म औ वेश !

कहाँ है ऐसा कोई देश !

राम से होते जहाँ नरेश !

हमारा प्यारा भारत देश !!

युगों–युगों की लोकथाएँ !

संस्कृति की जीवित गाथाएँ !

मीरा थीं जिनकी दीवानी !

नट –नागर की वे लीलाएँ !

चर्चा होती देश –विदेश !

कहाँ है ऐसा कोई देश !

राम से होते जहाँ नरेश !

हमारा प्यारा भारत देश !!

रास ,डाँडियाँ ,गिद्दा पाले !

भँगड़ा और चरकुला वाले !

भरत नाट्य ,ओडिसी ,विदिसिया !

गीत ,नृत्य,संगीत , निराले !

मुग्ध इस छवि पर खुद अखिलेश !

कहाँ है ऐसा कोई देश !

राम से होते जहाँ नरेश !

हमारा प्यारा भारत देश !!

कह रहे कुछ जन बारम्बार !

हो रहे हैं अब अत्याचार !

सियासत की है उल्टी चाल !

मनुजता मगर अभी है शेष !

कहाँ है ऐसा कोई देश !

राम से होते जहाँ नरेश !

हमारा प्यारा भारत देश !!

बस्तियाँ झूठों की आबाद !

स्वयं संसद बन गई विवाद !

राष्ट्र भाषा की दुर्गति देख !

उपजता ग्लानियुक्त अवसाद !

मगर यह देश नहीं प्राणेश !

कहाँ है ऐसा कोई देश !

राम से होते जहाँ नरेश !

हमारा प्यारा भारत देश !

लद्दाखी माटी चन्दन है !

यह माटी शुभ चन्दन अबीर ,
यह धरती कितनी पावन है !
कितने भोले हैं लोग यहॉ,
संस्कृति बेहद मनभावन है !!

यह सिंधु नदी ,यह नदी नहीं ,
सब संस्कृतियों की जननी है !
दर्शन कर हो जाते पुनीत ,
यह सचमुच में भवतरणी है !!
मानव ने पहला पाठ पढ़ा ,
यह वही पुरातन आंगन है !
यह माटी शुभ चन्दन अबीर ,
यह धरती कितनी पावन है !!1

राहुल को यायावरी बना ,
अगणित ग्रन्थों को लिखवाया !
भगवान बुद्ध की शिक्षा को ,
सारी दुनिया में फैलाया !!
यह लामाओं की बसुंधरा ,
अपने में एक तपोवन है !
यह माटी शुभ चन्दन अबीर ,
यह धरती कितनी पावन है !!2
यह पिटक–धम्मपद से कूजित ,
यह राष्ट्रप्रेम की परिचायक !
बुद्धं शरणम्–धम्मं शरणम् ,
यह संघ शक्ति की उन्नायक !!
विद्वेष–दम्भ–पाखण्ड नहीं ,
सबके भीतर अपनापन है !!
यह माटी शुभ चन्दन अबीर ,

यह धरती कितनी पावन है !!3
गांधी की सत्य अहिंसा हो ,
या पंचशील का शुभ नारा !
वैदेशिक जिस पर रीझ रहे,
यह रूप अनूठा औ प्यारा !!
भारत माता का मुकुट रहा ,
भारत रक्षा इसका प्रण है !!
यह माटी शुभ चन्दन अबीर ,
यह धरती कितनी पावन है !!4
शान्तिस्तूप,सोमोरीरी या
सिंधु नदी का पावन तट !
नृप किला फोर्ट जोरावर का,
या बहुत पुराना दिव्य वृक्ष !!
आते सुदूर से लोग यहॉं,
ऐसा इसका शुभ दर्शन है !
यह माटी शुभ चन्दन अबीर ,

यह धरती कितनी पावन है !!5

वर्मा –लंका–भारत–तिब्बत ,

जापान–चीन या वियतनाम !

इससे उद्भूत सभी दर्शन,

वो हीनयान या महायान !!

स्तूपा–गोंपा या मानी,

सबसे करती आराधन है !

यह माटी शुभ चन्दन अबीर ,

यह धरती कितनी पावन है !!6

जाने–अनजाने आप सही,

वरदान सही–अभिशाप सही !

सबको देती है अपनापन ,

सबसे करती अनुराग मही !!

जू–जू कृपया का बोधक है,

प्रिय जुले–जुले अभिवादन है !

यह माटी शुभ चन्दन अबीर ,

यह धरती कितनी पावन है !!7
हर बार दिसंबर में होता है,
नए साल का अभिनंदन !
हर नगर–गॉव–बस्ती–गलियॉ,
सज जातीं जैसे नई दुल्हन !!
यह पर्व कहा जाता लोसर ,
मस्ती से भरा हुआदिन है !
यह माटी शुभ चन्दन अबीर ,
यह धरती कितनी पावन है !!8
सोनम नुरबू,वांग्याल साहब ,
थुप्स्तन छिवांग–सी प्रतिभाएँ!
श्रीमती अंग्मो डोलकर जी ,
आदर्श यहॉ की महिलाएँ !!
ऐसी विभूतियों की जननी ,
यह माटी कुमकुम चन्दन है !

यह माटी शुभ चन्दन अबीर ,
यह धरती कितनी पावन है !!9
पूरी दुनिया से अलग–थलग ,
रहता था सारा हिम प्रदेश !
जन–जीवन था अति दीन–दुखी ,
सोनम नुरुबू को हुआ क्लेश !
उनका सा त्याग–समर्पण,
अब अपने में एक उदाहरण है !!
यह माटी शुभ चन्दन अबीर ,
यह धरती कितनी पावन है !!10
लद्दाख प्रगति के पंथ चला,
उनकी मेधा का है कमाल !
सब उनके हाथों बना ढ़ला,
यह राजमार्ग या अस्पताल !!
पद्म–भूषण सा सम्मान मिला,

शतशः उनका अभिनंदन है !
यह माटी शुभ चन्दन अबीर ,
यह धरती कितनी पावन है !!11
खल्सी–न्यूमा–नोब्रा–दुरबुक ,
ये लेह सहित हैं पॉच खण्ड !
वैसे करगिल भी है खुद में ,
लद्दाख क्षेत्र का ही अभिन्न !!
बोधी –बल्ती दो भाषाएँ,
बस बोलचाल का माध्यम हैं !
यह माटी शुभ चन्दन अबीर ,
यह धरती कितनी पावन है !!12
फोतुला–चांगला– तंगलंगला,
खरदुंगला आदि बड़े दर्रे !
थल यातायात इन्हीं के बल ,
माध्यम है आने –जाने के !!

कितनी आश्चर्यमयी धरती,
आकर्षित करता तन–मन है !
यह माटी शुभ चन्दन अबीर ,
यह धरती कितनी पावन है !!12
जो सिक्ख धर्म के आदि गुरू ,
सच मानवता के तारे थे !
है बहुत पुरानी बात यहाँ,
गुरुनानक देव पधारे थे !!
कितना इतिहास छिपाये है,
यूँ तो दिखती साधारण है !
यह माटी शुभ चन्दन अबीर ,
यह धरती कितनी पावन है !!13
रहता था एक विशाल दैत्य ,
जिससे हर कोई हारा था !
गुरुनानक रत आराधन में,

उनको भी पत्थर मारा था !!

पत्थर खुद में ही सिमट गया ,

यह सुनकर हर्षित तन –मन है !!

यह माटी शुभ चन्दन अबीर ,

यह धरती कितनी पावन है !!14

डन आदि गुरू की स्मति में,

गुरुद्वारे का निर्माण हुआ !

पत्थर साहिब –पत्थर साहिब ,

कहकर जग में मशहूर हुआ !!

बस इसीलिए श्रद्धापूरित,

सबका अपना अन्तर्मन है !

यह माटी शुभ चन्दन अबीर ,

यह धरती कितनी पावन है !!15

भारत के वीर जवानों ने ,

इसको दिल से अपनाया है !

निज सेवा और समर्पण से ,

अलबेला तीर्थ बनाया है !

जंगल में मंगल बनी हुई,

इस माटी का अभिनंदन है !

यह माटी शुभ चन्दन अबीर ,

यह धरती कितनी पावन है !!16

पैंगांग लेक की शोभा का ,

सच कोई पारावार नहीं !

दर्शन जिसने गर किया नहीं ,

लद्दाख भ्रमण में सार नहीं !

अगणित जन आते रोज यहाँ,

लख पुलकित होता तन–मन है !

यह माटी शुभ चन्दन अबीर ,

यह धरती कितनी पावन है !!17

जापान देश द्वारा निर्मित,

है एक यहाँ शान्ति स्तूपा !
भगवान बुद्ध के दर्शन का ,
प्रस्तोता है यह स्तूपा !!
कितना है दिव्य–भव्य–व्यापक ,
अति सुन्दर इसका प्रांगण है !
यह माटी शुभ चन्दन अबीर ,
यह धरती कितनी पावन है !!18
सन् अस्सी में प्रारम्भ हुआ,
निर्माण शान्ति स्तूपा का !
बारह वर्षों का सतत यत्न,
तब जाकर यह तैयार हुआ !!
जन दूर –दूर से आकर के,
करते इसका शुभ दर्शन हैं !
यह माटी शुभ चन्दन अबीर ,
यह धरती कितनी पावन है !!19

इस पर अंकित हैं दिव्य चि________त्र ,
भगवान बुद्ध के जीवन के !
देते हैं दिशा–दृष्टि उत्तम ,
पथ–दर्शक हैं शुभ जीवन के !
सुख –स्वप्न सदृश नश्वर काया ,
भगवान बुद्ध का दर्शन है !
यह माटी शुभ चन्दन अबीर ,
यह धरती कितनी पावन है !!20
उल्लसित कर रही लोककथा ,
लोगों से मैंने यहाँ सुनी !
लामायोरो के आसपास ,
पाण्डव विनाश के हेतु कभी !!
लाक्षागृह का निर्माण हुआ ,
यह बात नहीं साधारण है !
यह माटी शुभ चन्दन अबीर ,

यह धरती कितनी पावन है !!21

नारी देवी समान पूजित ,

नर–नारी में कुछ भेद नहीं !

जीवन गाड़ी के दो पहिये,

इसमें कोई संदेह नहीं !!

न ही दहेज की चर्चा है ,

न ही नारी उत्पीडन है !

यह माटी शुभ चन्दन अबीर ,

यह धरती कितनी पावन है !!22

लड़की वाला बरात लेकर ,

जाता है लड़के वाले के घर !

होती हैं रस्म–रिवायत सब ,

लड़के वाले के ही घर पर !!

सारे जग को लद्दाख विवाह ,

आश्चर्यभरा आकर्षण है !

यह माटी शुभ चन्दन अबीर ,
यह धरती कितनी पावन है !!23
वर पिता चला लड़की के घर ,
ले छंग घड़ा अपने सिर पर
स्वीकार करें या अस्वीकार ,
यह निर्भर करता है उन पर !!
यदि छंग घड़ा स्वीकार हुआ ,
यूँ होता परिणय बंधन है !
यह माटी शुभ चन्दन अबीर ,
यह धरती कितनी पावन है !!24
दाहनू क्षेत्र के लोग अभी ,
कहते सच्चे आर्यन हम ही !
हम आदि मनुज की संतानें ,
यह आदि सभ्यता की धरती !!
पुष्पों से सजी हुई वेणी ,

पुष्पों का ही अवगुंठन है !
यह माटी शुभ चन्दन अबीर ,
यह धरती कितनी पावन है !!25
कितनी शुभ–पावन यह माटी ,
कितनी समृद्ध रीतियॉ है!
दंगे –फसाद का नाम नहीं ,
बेहद शुचि–शांत वीथियॉ हैं !
मन कहता बारम्बार यही,
माता तेरा अभिनंदन है !
यह माटी शुभ चन्दन अबीर ,
यह धरती कितनी पावन है !!26

www.ingramcontent.com/pod-product-compliance
Lightning Source LLC
La Vergne TN
LVHW040918150826
845672LV00007B/2097